Administracion del Dinero:

Conviértete en un Maestro en Poco Tiempo de Cómo Crear Presupuestos, Ahorrar Dinero y Salir de Deudas Mientras Que Construyes tu Libertad Financiera

Volumen 3

Por

Income Mastery

Tabla de Contenidos

Introducción

El dinero apareció en la Edad Media, deriva de la palabra "denarius", que era una moneda de plata equivalente a 10 ases que se usaba con anterioridad en la ciudad de Roma, en Italia. No está claro en su origen histórico si el dinero fue creado espontáneamente en la transición desde el trueque al intercambio monetario, o fue inventado bajo la presión de las fuerzas del mercado para facilitar las tracciones comerciales. Si bien, no es muy claro el origen histórico del dinero, de lo que no cabe duda es que reproducimos, extendemos y consagramos su uso día a día. Desde que se echó a girar la rueda del dinero, no ha cesado la polémica en torno a él, sus consideraciones morales, su impacto en las personas, su influencia en las relaciones interpersonales, o sus efectos integradores en la economía.

El mundo de la actualidad es cada vez más exigente con respecto a los agentes que interactúan entre nuestra economía y la del resto, además del desarrollo de la comunicación y la tecnología, las finanzas no son ajenas a ello lo que nos lleva a un mar de conocimientos que nos exige una mayor preparación y desarrollo de habilidades para lograr el éxito en la buena administración de nuestros recursos.

El éxito en la administración del dinero puede derivarse de varias fuentes; sin embargo, su estructura es la clave para hacer significativo y coherente decisiones en interacciones diarias, siendo el llamado presupuesto un factor fundamental. Por esta razón, esta herramienta financiera será tomada en cuenta para llegar a dos importantes objetivos: el resultado de una lógica y eficiente serie de actividades diarias para hacer decisiones personales importantes, en las cuales la palabra personal significa familiar.

El punto de partida para diseñar una estrategia para inversión o gasto y encontrar una forma de tener bienestar adicional cuando manejo finanzas personales. Además, en este libro, encontraremos cómo la gestión de las finanzas personales no está lejos de la organización financiera, concluyendo que la planificación es la mejor motivación y generador de valor agregado en nuestro diario vivir.

Una forma eficaz de administrar bien el dinero es mediante el ahorro que es un porcentaje del ingreso que no se destina al gasto y que se reserva para necesidades futuras a través de diversos mecanismos financieros. En compensación al ahorrante, la institución elegida le paga intereses al titular de la cuenta de manera periódica por colocar su dinero en ella. Cuando a uno le hablan de ahorrar, inmediatamente piensa en las deudas que tiene, y parece absurdo pretender hacerlo si puede destinar esos fondos a saldar dichas deudas. Pero, de todos modos, nos decimos: "si a fines de mes, luego de pagar rigurosamente todas las cuentas, los gastos del mes para la casa, y si no hay ninguna emergencia, sólo entonces, si sobra algo, lo destinaré a ahorro". Esta forma de pensar lleva a muchos a una mala gestión del dinero.

Para poder ahorrar, no se debería vulnerar la proporción de deudas versus ingresos. Hay que mantener ciertas relaciones estudiadas. Dependiendo de los ingresos, hábitos y el nivel de vida de cada grupo familiar, se puede establecer con un buen sentido común. La clave del éxito de este sistema reside en que, una vez que se distribuye el dinero y se asigna un monto para los gastos de mantención del hogar, todos los gastos, desde el jabón hasta la comida del perro, tendrán que provenir de la cantidad que quede, porque no habrá más dinero hasta el mes siguiente.

A través de la planeación financiera personal, encontraremos los aspectos que se deben tener en cuenta para realizar un presupuesto, con el fin de tener un marco de referencia para tomar decisiones financieras acertadas, que permitan alcanzar sus metas y sueños, en el contexto de una adecuada calidad de vida personal. Mediante la planeación financiera podremos lograr metas alcanzables en un entorno financiero, económico y social, a la vez de comprender diversas variables que afectan la toma de decisiones financieras como la inflación, los impuestos y los ciclos económicos que nos pueden afectar externamente el éxito financiero planeado, adicionalmente, nos permite visualizar y controlar el ciclo de las finanzas en nuestras vidas, experimentando que lograr el éxito financiero es el resultado de nuestras decisiones y estas son más sólidas cuando son construidas con ayuda de la planeación financiera y todo lo que ella implica en los análisis marginales y de costo de oportunidad en las elecciones que realizamos a diario.

Buscaremos dar un pequeño alcance sobre la problemática o dificultades que trae la falta de un buen manejo del dinero, además se mostrará algunas estrategias, teorías y recomendaciones de cómo poder tener una mejor administración y planeamiento del dinero.

Capítulo 1: La administración y el dinero

¿Qué es el dinero?

El dinero es cualquier bien ampliamente utilizado y aceptado en transacciones que involucran la transferencia de bienes y servicios de una persona a otra. Los economistas diferencian entre tres tipos de dinero: dinero de productos básicos, dinero fiduciario y dinero bancario. Según Trust, el dinero es un medio a nuestra disposición para mejorar la calidad de nuestra vida, asegurar al individuo mayor protección frente a la inseguridad básica y otorgarle a su vez mayor libertad.

- Primero, el dinero de los productos básicos es un bien cuyo valor sirve como el valor del dinero. Las monedas de oro son un ejemplo de dinero de consumo. En la mayoría de los países, el dinero de los productos básicos ha sido reemplazado por dinero fiduciario.
- Segundo, el dinero fiduciario es un bien, cuyo valor es menor que el valor que representa como dinero. Los billetes de un dólar son un ejemplo de dinero fiduciario porque su valor como trozos de papel impreso es menor que su valor como dinero.
- Tercero, el dinero del banco consiste en el crédito contable que los bancos extienden a sus depositantes. Las transacciones realizadas

con cheques retirados de depósitos en bancos implican el uso de dinero bancario.

Las funciones del dinero.

El dinero tiene tres funciones principales:

- Primero, es un medio de intercambio.
- En segundo lugar, es una unidad de cuenta.
- Y tercero, actúa como una reserva de valor.

Cada elemento de la sociedad usa el dinero como medio para hacer intercambios. Por ejemplo, los productores venden sus productos a mayoristas (a cambio de dinero). Posteriormente, los mayoristas venden sus productos a los consumidores.

En pocas palabras; el dinero facilita los intercambios en la economía.

También actúa como una unidad de cuenta. En otras palabras, lo usamos para medir el valor de varios bienes y servicios en una economía. Esencialmente sirve como un estándar de valor.

Antes de que existiera el dinero (cuando el trueque era el principal medio por el cual las personas comerciaban), era difícil almacenar un excedente de valor. Hoy, sin embargo, las personas pueden almacenar el poder adquisitivo excedente y usarlo en cualquier momento.

¿Qué es la administración del dinero?

La administración del dinero es una técnica estratégica empleada para hacer que el dinero rinda con el mayor valor de interés por cualquier cantidad gastada. En otras palabras, se refiere a cómo una persona maneja todos los aspectos de sus finanzas, desde hacer un presupuesto para el destino de cada cheque de pago hasta establecer metas a largo plazo para elegir inversiones que lo ayudarán a alcanzar esas metas. La administración del dinero no se trata solo de decir "no" a cualquier compra, sino de desarrollar un plan que le permita decir "sí" a las cosas que son más importantes para usted. Cualquier cantidad de dinero puede resultar demasiado pequeña si no se tiene buenas habilidades de administración de dinero.

Objetivos de la administración del dinero

Los objetivos pueden ser:

- ✓ Garantizar un suministro regular y adecuado de fondos a la empresa.
- ✓ Asegurar retornos adecuados para los accionistas que dependerán de la capacidad de ganancia, el precio de mercado de la acción, las expectativas de los accionistas.
- ✓ Garantizar la utilización óptima de los fondos. Una vez que se obtienen los fondos, se deben utilizar de la manera más posible al menor costo.

- ✓ Promover la seguridad de la inversión, es decir, los fondos deben invertirse en empresas seguras para que se pueda lograr una tasa de rendimiento adecuada.
- ✓ Planificar una estructura de capital sólida: debe haber una composición sólida y justa del capital para que se mantenga un equilibrio entre la deuda y el capital social.

Puntos clave para una buena administración del dinero

- Saber dónde estás

El comienzo de una buena administración del dinero requiere que sepas dónde se encuentra en términos de activos (cosas que posee) y pasivos (cantidades que debe). Sus activos incluyen sus cuentas bancarias, cuentas de inversión, cuentas de jubilación y propiedades, como su casa y automóvil. Sus pasivos incluyen los saldos de sus tarjetas de crédito, préstamos estudiantiles, préstamos para automóviles, hipotecas y otras deudas. Cuando resta sus activos de sus pasivos, obtiene su patrimonio neto. Si sus pasivos son más que sus activos, su patrimonio neto es negativo. Pero, con una buena administración del dinero, puede cambiar eso.

- Estableciendo objetivos

Los objetivos nos ayudan a definir la forma en la que debemos administrar nuestro dinero. Es fácil pasar por alto los objetivos a largo plazo a favor de tratar de averiguar qué facturas se pagan hoy. Sin embargo, al establecer objetivos, puede dar claridad sobre qué gastos son necesarios y cuáles puede recortar. No existe un "bien" y un "mal" universales en lo que respecta a sus objetivos de gastos, pero se necesita un esfuerzo para alcanzarlos. Por ejemplo, si es su sueño tener un automóvil que cuesta $ 25,000, debe hacer más recortes de gastos que alguien que solo quiere gastar $ 10,000 en un automóvil.

- Crear y ajustar el presupuesto

La creación de un presupuesto le ayuda a mantenerse al tanto de la administración del dinero porque destina ciertas cantidades para ciertos gastos. Por ejemplo, puede limitarse a $ 200 por entretenimiento cada mes después de tener en cuenta otras necesidades básicas y pagos de deudas. Sin embargo, su presupuesto puede ser un objetivo móvil con el tiempo. Si se da cuenta de que puede comprar comestibles en oferta y ahorrar $ 50 al mes, puede aumentar su presupuesto de entretenimiento a $ 225 y agregar $ 25 a su presupuesto de ahorro. Alternativamente, si obtiene un aumento de sueldo, haga un presupuesto que aumente sus ahorros en lugar de agregarlo a los montos de gastos discrecionales.

- Administrar múltiples cuentas

A medida que ahorra para diferentes objetivos, es probable que se tenga dinero en varias cuentas. Por ejemplo, puede mantener su fondo de emergencia en una cuenta de ahorro separada para no verse tentado a utilizarlo para una compra impulsiva. También utilizará diferentes estrategias para objetivos con diferentes horizontes de tiempo. Es posible que pueda ser más agresivo invirtiendo en acciones y bonos con fondos en su cuenta de jubilación si no necesita el dinero durante 30 años. Por otro lado, querrá una cuenta sin ningún riesgo, como una cuenta de ahorros, para su fondo de emergencia porque podría necesitar ese dinero en cualquier momento. Un programa de software, como Quicken, puede ayudarlo a realizar un seguimiento de sus diversas cuentas para asegurarse de que se mantiene al día con sus objetivos de gastos y ahorros.

Técnicas para la administración del dinero

1. Evitar cualquier gasto innecesario.

2. Siempre optar por la alternativa más rentable.

3. Aumentar los gastos más en concepto de intereses que en cualquier otra cosa.

4. Establecer los beneficios esperados de cada gasto deseado utilizando el canon de más / menos / nulo al sistema de valor de nivel de vida.

Todas estas técnicas tienen el objetivo de impulsar la inversión y multiplicar la cartera.

Capítulo 2: ¿Qué es un presupuesto?

Presupuestar es planificar cómo va a utilizar el dinero que gana. Incluye una lista de gastos de los que debe encargarse. Elaborar un presupuesto lo ayuda a ver si aún le quedaría dinero después de pagar todos sus gastos. Estima la cantidad de ingresos y gastos que puede experimentar en un período futuro.
Un presupuesto representa su posición financiera. Es una buena manera de ver si está, financieramente, en un buen lugar para vivir cómodamente y sin deudas.

La palabra presupuesto, sin embargo, tiene un significado ligeramente diferente a "tener un presupuesto". Presupuestar es cuando proporcionas o reservas una cierta cantidad de dinero para un propósito específico. Por lo tanto, puede estar presupuestando una casa, un automóvil, etc., lo que a menudo se conoce como ahorro.

El presupuesto estudia y calcula la entrada de recursos, los costos y los tiempos en que estos pasan por el proceso productivo, el tiempo de venta, el tiempo de recaudo del efectivo y de la circularidad con que estos vuelven a producir nuevos recursos, para mostrar al final la rentabilidad de los recursos circularizados puestos a disposición.

¿Por qué hacer un presupuesto?

El seguimiento de los gastos que realizamos nos da un fuerte sentido de a dónde va nuestro dinero y puede ayudarnos a alcanzar nuestras metas financieras.

El presupuesto, es una guía continua que debe ser controlada y evaluada continuamente. Cada año debe evaluarse el presupuesto anterior y planificar el nuevo presupuesto.

Ventajas de realizar un presupuesto:

El presupuesto desempeña un papel importante en el uso efectivo de los recursos y en el logro de los objetivos generales de la organización.

Tiene las siguientes ventajas:

1. El presupuesto obliga y motiva a la gerencia a hacer un estudio temprano y oportuno de sus problemas. Genera un sentido de precaución y cuidado, y un estudio adecuado entre los gerentes antes de que ellos tomen decisiones.
2. El presupuesto proporciona un medio valioso para controlar los ingresos y gastos de una empresa o de uno mismo, ya que es un "plan de gastos".
3. El presupuesto proporciona una herramienta a través de la cual las políticas y objetivos de gestión se evalúan, prueban y establecen

periódicamente como pautas para toda la organización.

4. El presupuesto ayuda a dirigir el capital y otros recursos hacia los canales más rentables.
5. El presupuesto permite descentralizar la responsabilidad sin perder el control del negocio. Revela debilidades, ineficiencias, desviaciones en la organización muy rápidamente que se pueden verificar de inmediato para lograr el objetivo deseado.
6. El uso del presupuesto en una organización desarrolla una actitud de "conciencia de costos", estimula el uso efectivo de los recursos y crea un ambiente de lucro en toda la organización. Enfatiza cuánto se debe gastar para lograr un objetivo.
7. Proporciona una norma, base o criterio para medir el desempeño de los departamentos y las personas que trabajan en organizaciones. Los gerentes individuales pueden evaluar sus propias decisiones y logros y tomar medidas adecuadas para mejorar su desempeño.
8. La elaboración de presupuestos fomenta la competencia productiva, brinda incentivos para desempeñarse eficientemente y da un sentido de propósito a cada individuo en la organización. Todos estos factores positivos conducen a una mayor producción y aumentan la productividad de los empleados.

9. El presupuesto proporciona un enfoque sistemático y disciplinado para la solución de problemas en la organización.
10. El presupuesto se ejecuta en casi todas las empresas, ayudando a la economía nacional total al proporcionar estabilidad en el empleo, uso económico de los recursos y prevención efectiva de los desechos.

Limitaciones o desventajas de realizar un presupuesto:

Si bien el presupuesto realiza muchas funciones y tiene muchas ventajas que son vitales para una organización, tiene ciertas limitaciones que requieren una consideración cuidadosa:

1. Planear, presupuestar o pronosticar no es una ciencia exacta; utiliza aproximaciones y juicios que pueden no ser ciento por ciento exactos. En el mejor de los casos, un presupuesto es una estimación; nadie sabe con precisión lo que sucederá en el futuro.
2. El éxito y la utilidad del presupuesto dependen de la cooperación y participación de todos los miembros de la gerencia. Todas las personas deben dirigir sus esfuerzos de acuerdo con el plan. La alta dirección también debe cumplir con el presupuesto y brindar

cooperación. Muchas veces el hecho de realizar un presupuesto ha fallado porque la gerencia ejecutiva solo ha prestado atención a su ejecución.

3. Un presupuesto es solo una herramienta y no elimina ni toma el lugar de la administración. Un presupuesto no puede ser sustituido por la administración, sino que solo debe ser utilizado por la administración para realizar funciones gerenciales. Los ejecutivos generalmente se sienten "rodeados" por un presupuesto y sus cifras relacionadas. No entienden que el presupuesto está destinado a proporcionar información detallada, metas y objetivos que pueden ayudarlos a alcanzar los objetivos de la empresa.
4. El establecimiento de un proceso presupuestario lleva tiempo. Además, a veces se espera demasiado de un presupuesto y, en caso de que no se cumplan las expectativas, la culpa es del presupuesto. Un programa de presupuesto eficiente requiere que las personas responsables comprendan la filosofía, los objetivos y los elementos esenciales del presupuesto.
5. El énfasis excesivo en la elaboración de presupuestos puede dar lugar a intentos por parte de la administración de nivel inferior y los empleados de alterar el sistema al proporcionar estimaciones inexactas de los costos e ingresos

futuros, y al no aprovechar los cambios en el entorno porque hacerlo provocaría una desviación desde el plan, se considerarían operacionales contrarios al presupuesto. Bajo un programa de presupuesto desequilibrado, los empleados tenderán a sobreestimar los costos y subestimar los ingresos, creando así una holgura presupuestaria.

6. A medida que se acerca el final del período presupuestario y los empleados se dan cuenta de que los gastos reales no han sido tan grandes como los permitidos por el presupuesto, puede haber una tentación de gastar cantidades excesivas para "agotar" la asignación presupuestaria. Dichas actividades resultan en bajas ganancias para la empresa.

Obstáculos para presupuestar

- Falta de disciplina.
- Pensar que no importa.
- Ser confiado, pensar que la familia u otra persona nos enviará más dinero.

Recomendaciones para un presupuesto exitoso

- Identificar todas las fuentes y cantidades de ingresos.
- Identificar cómo se gastan los dólares hoy.
- Calcular cantidades de presupuesto.
- Establecer objetivos y hacer ajustes.

Pasos para realizar un plan presupuestario sólido.

Todo gran plan financiero comienza con un presupuesto sólido. Si está tratando de pagar las facturas o ahorrar para unas vacaciones de ensueño, un presupuesto es el primer paso para hacer realidad sus metas financieras. Siga estos pasos para configurar un presupuesto realista que lo lleve a donde desea ir.

1. Calcular gastos

Su primer negocio es averiguar exactamente cuánto gasta cada mes. Haga esto consultando sus extractos bancarios, recibos y archivos financieros. Debido a que algunos gastos son intermitentes, como los pagos del seguro, obtendrá la imagen financiera más precisa si calcula un promedio de seis meses a un año. Sume todo lo que gastó durante los últimos seis a 12 meses y luego divida por la cantidad de meses, lo que le dará sus gastos mensuales promedio.

Recuerde que ser minucioso cuando suma gastos es importante para crear un presupuesto realista. Una factura olvidada realmente pone una llave en su plan de ahorro. Al calcular sus gastos, también tenga en cuenta las facturas inesperadas, como reparaciones no planificadas de automóviles. Una buena regla general es agregar un 10 por ciento adicional al 15 por ciento. Entonces, si ha determinado que gasta $ 1,500 al mes, agregue $ 150 a $ 225.

*2. D*etermine su ingreso

Una vez que haya calculado cuánto dinero necesita para mantenerse a flote financieramente cada mes, es hora de determinar sus ingresos reales. Además de su salario regular, obtenga una imagen precisa agregando los fondos adicionales que se le presenten durante todo el año, como obsequios en efectivo, venta de artículos en línea o en ventas de garaje, y no olvide otras fuentes de ingresos como pensión alimenticia, manutención infantil, intereses, dividendos e ingresos por alquileres.

3. Establecer metas de ahorro y pago de deudas

Para determinar objetivos realistas de ahorro y pago de deudas, debe averiguar si tiene un déficit o un exceso de presupuesto. Haga esto restando sus gastos mensuales de sus ingresos. Si determina que está ganando más dinero del que está gastando, felicidades. Esta cantidad se puede destinar a ahorros y para pagar deudas.

Pero si determina que está gastando más de lo que está ganando, es hora de hacer algunos recortes para tener algo que ahorrar y no endeudarse más. La mejor manera de averiguar dónde puede reducir sus gastos es hacer un seguimiento de sus gastos y registrarlos durante un mes. Los artículos aparentemente insignificantes, como una taza de café, se acumulan con el tiempo. Por ejemplo, incluso si gasta solo $ 5 a la semana en refrigerios, eso suma $ 260 al año, lo cual no es insignificante.

Una vez que tenga una idea clara de a dónde va todo su dinero, sea implacable en la reducción de gastos hasta que su presupuesto esté estabilizado. Recorte lo suficiente para que le queden entre el 10 y el 20 por ciento de sus ingresos cada mes para agregar a su cuenta de ahorros. Si no puede reducir una cantidad suficiente de su presupuesto, considere formas de aumentar sus ingresos.

4. Registro de gastos y seguimiento del progreso

La mejor manera de mantenerse por encima de su presupuesto es registrar todos sus gastos e ingresos. Tener que ingresar los gastos lo hará pensar dos veces antes de derrochar, y es especialmente satisfactorio y motivador registrar cuando ha alcanzado un objetivo de ahorro.

5. Sea realista

Trate de cumplir con su presupuesto la mayor parte del tiempo y seguramente alcanzará sus metas financieras. Romper su presupuesto ocasionalmente está bien, siempre que vuelva a la normalidad lo antes posible.

Capítulo 3: ¿Qué es el ahorro?

Ahorrar no es la ausencia de gasto. Se define como el acto intencional de apartar dinero para un objetivo o propósito específico. Trust también afirma que el ahorro es el porcentaje del ingreso que no se destina al gasto y que se reserva para necesidades futuras a través de diversos mecanismos financieros.

¿Qué significa ahorrar dinero?

Ahorrar dinero es guardar dinero para algo. Por ejemplo, ahorrar dinero para comprar un automóvil o una casa o incluso un par de zapatos. Es el proceso de tomar parte de sus ingresos y reservar para uso futuro. La medida en que ahorre depende de sus preferencias para el consumo futuro sobre el presente. Ahorrar sería similar a presupuestar algo específico. En una oración, significarían lo mismo.

Presupuestos para ahorros

El presupuesto entra en juego para muchas personas que desean ahorrar una cierta cantidad de dinero, como un pago inicial para una casa, dinero para un automóvil nuevo o regalos para las vacaciones.

Un sistema que da resultado en la práctica consiste en apartar la cantidad que se desea ahorrar al comienzo el mes, ya que de esta forma enfrentaremos la debilidad de nuestra naturaleza humana, que intentará traicionar el objetivo propuesto, traspasando a consumo los excedentes destinados a ahorro. Uno está programado mentalmente para pagar primero las deudas, al momento de recibir el sueldo de fin de mes, ya que el "sistema" no le dará tregua, conminándolo a mantener al día los pagos de los compromisos adquiridos, o de otra manera, será expulsado fuera de él. Este temor hace que cuando recibimos el sueldo, uno termine pagándoles a todos, menos a uno mismo, que es quien trabajó para ganar aquel dinero. Recuerde que es legítimo que una parte de lo que usted gana sea para que la ahorre, afirma Trust.

Una vez que haya definido para qué está ahorrando, cuánto necesita ahorrar, y cuándo necesita ese dinero, puede crear un presupuesto o una hoja de ruta, que lo ayudará a ahorrar la cantidad correcta para sus objetivos financieros importantes.

Algunos ejemplos de objetivos de ahorro incluyen:

- Construir un fondo de emergencia.
- Ahorro para celebraciones navideñas o regalos especiales.
- Ahorro del 10% al 15% de sus ingresos para la jubilación.
- Reservando $ 40 por mes para futuras reparaciones de automóviles.
- Crear un fondo universitario para sus hijos (o usted mismo).
- Tener suficiente dinero disponible para cubrir todos los deducibles de su seguro (seguro de salud, seguro de propietario o inquilino, seguro de discapacidad) para que si necesita hacer un

reclamo, pueda pagar fácilmente el deducible sin preocupaciones.

Presupuesto vs. Ahorro de dinero

Casi no hay diferencia entre los dos. "Estoy presupuestando para un automóvil" vs. "Estoy ahorrando para un automóvil" es lo mismo. Sin embargo, "ahorrar" no es lo mismo que "presupuestar". Presupuestar le ayuda a ahorrar.

Ahorrar es guardar dinero. Un presupuesto es un plan de gastos.

¿Por qué es importante ahorrar?

Es importante ahorrar dinero por las siguientes razones:

- ✓ **Volverse financieramente independiente**

Significa tener la libertad de tomar decisiones en su vida aparte de ganar un cheque de pago.

- ✓ **Para salir de la deuda**

Si alguna vez quiere salir de la deuda, debe ahorrar algo de dinero. Suena irónico, ¿no? Sin embargo, las tarjetas de crédito nunca se pagarán si tiene que seguir usándolas para cada "emergencia" que se presente.

- ✓ **Cubrir gastos anuales**

Si desea tener una vida financiera buena y relativamente libre de estrés, debe ahorrar para gastos anuales. Estos pueden incluir dinero para obsequios, vacaciones, mantenimiento de vehículos, reparaciones menores del hogar, reparación de electrodomésticos, impuestos a la propiedad y posiblemente impuestos a la renta.

- ✓ **Gastos imprevistos**

No siempre puede contar con que el banco le preste dinero para cualquier tipo de imprevistos (un accidente, perder el trabajo, reparación del automóvil, etc.) Es mucho mejor anticipar el peor de los casos y ahorrar algo de dinero.

- ✓ **Tener una buena vida**

Hay grandes consecuencias emocionales, psicológicas y físicas por vivir siempre estresado. Por ello, ser organizado no te hará feliz por sí solo, pero seguramente puede ayudar. Hay tanto en su futuro sobre el que no tiene control, por lo que reservar algo de dinero para gastar cuando lo necesite es organizar y tomar el control de su futuro y sus asuntos financieros.

Desventajas de ahorrar dinero

Comencemos con las desventajas.

En primer lugar, ahorrar dinero significa que no lo está gastando. Y es posible ser demasiado frugal. ¿Estás haciendo cosas como saltarte las citas con el dentista no porque no puedas pagarlas sino porque quieres ahorrar dinero? Eso es demasiado frugal. Claro, ahorra ahora, pero si termina necesitando un tratamiento de conducto, eso le costará mucho más. La atención preventiva lo vale.

Si te enfocas demasiado en ahorrar dinero, podrías tomar malas decisiones cuando se trata de gastos. Puede ahorrar dinero contratando al contratista más barato para construir su cerca, y luego quedar atrapado con una cerca que se cae al año siguiente durante una tormenta. Claro, ahorró dinero por adelantado, pero ¿valió la pena?

También puede perderse experiencias porque está ahorrando dinero. ¿Todos tus amigos van a un concierto al que quieres ir, pero decides que necesitas ahorrar dinero? Eso puede ser un fastidio definitivo. Y si siempre está ahorrando, probablemente nunca viaje, y creo que todos deberían aprovechar la oportunidad de viajar, ya sea dentro de su propio país o internacionalmente. Tómese el tiempo para tomar un descanso. Estar atascado salvando el hogar es una de las desventajas de ahorrar dinero.

Definitivamente no querrás descubrir en tus 90 años, que nunca sales de casa, que parece que no tienes dinero, que nunca viajas, que nunca compras nada agradable y vives como un pobre, pero cuando mueres, resulta que tienes millones en el banco. Tienes que tener algún tipo de equilibrio.

En general, creo que todos deberían tener un poco de dinero divertido en su presupuesto. Incluso si está tratando de lograr un objetivo de ahorro, necesita tener un poco de dinero que pueda gastar en algo que desee, ya sea entradas de cine o música descargable o una noche en la ciudad.

Ventajas de ahorrar dinero

Por supuesto, por cada desventaja de ahorrar dinero, existe una ventaja.

La gran ventaja de ahorrar dinero es que está preparado cuando necesita gastarlo. Digamos que después de que su cerca barata se caiga, usted decide gastar el dinero para repararla adecuadamente. Victoria definitiva.

Al guardar dinero, incluso pequeñas cantidades a la vez, es posible que algún día puedas hacer una gran compra sin tener que financiarla. ¿No sería bueno poder comprar un automóvil en efectivo y no tener que pagar un préstamo? ¿No sería increíble poder comprar una casa en efectivo y no tener que pagar una hipoteca? (Bien, entonces este es menos probable, pero dependiendo de dónde vivas, ciertamente es posible).

Si está ahorrando su dinero en una cuenta bancaria o en CD, también ganará dinero ahorrándolo. Todo ese interés se suma. Y puede invertir parte de ese dinero y ayudarlo a seguir creciendo.

Para mí, la clave es equilibrar las ventajas y desventajas de ahorrar dinero. Ahorre, pero no demasiado. No permita que ese sueño de jubilación anticipada signifique que está viviendo en una cabaña en ruinas. Encuentre el equilibrio entre sus objetivos de ahorro y sus necesidades y deseos de gasto.

Capítulo 4: ¿Qué es una deuda?

Es un compromiso de pago obligado entre dos entidades (pueden ser personas, grupos, empresas, Estado).

El proceso de cobro de deudas

El proceso de cobro de deudas comienza cuando falta un pago en una tarjeta de crédito o préstamo. El deudor tiene 30 días a partir de la fecha de vencimiento de la factura (no la fecha de facturación) para realizar el pago antes de informarlo a los burós de crédito. Durante este tiempo, el acreedor intentará comunicarse con el deudor por teléfono, correo electrónico o carta para recibir su pago y cualquier cargo por demora. Es mejor hacerse cargo de la deuda durante este período de 30 días. El deudor puede explicar su situación y establecer un plan de pago.

Después de 30 días, la deuda se transfiere a otro departamento de la misma compañía que se especializa en recuperar la deuda morosa. Esta no es una agencia de cobranza, solo un departamento dentro de la compañía de préstamos. Podrían informar su morosidad a una agencia de crédito y cerrar su cuenta de tarjeta de crédito.

Después de 180 días, el acreedor generalmente contraerá la deuda o la cancelará de sus libros y la venderá a una agencia de cobro de deudas. Tenga en cuenta que el acreedor podría contraer o vender la deuda en cualquier momento antes de los 180 días, por lo que es mejor actuar lo antes posible.

Consejos para salir de la deuda

Antes de comenzar a "atacar" tus deudas, el primer paso es ahorrar una buena cantidad de dinero para tener un fondo de emergencias. ¿Qué es un fondo de emergencias? Cuando surgen eventos y situaciones inesperadas como accidentes, viajes, reparaciones de autos o cualquier otra cosa que implique un gasto grande, lo más normal es que acabemos endeudados porque en el momento no tenemos el dinero suficiente para cubrir esos gastos.

En cambio, si tenemos un fondo de emergencias, no acumularíamos más deudas si tuviéramos que hacer un gasto inesperado.

1. Comienza un negocio propio.

¡Comenzar su propio negocio nunca ha sido tan fácil! ¿Tienes un don para hacer cosas? ¡Vende tus productos en línea! ¿Eres un amante de los animales? Tome pasear perros o cuidar mascotas. ¿Tienes buen ojo y una buena cámara? Comience a aceptar clientes para sesiones de fotos.

2. Consigue un trabajo a tiempo parcial.

¿No quieres comenzar tu propio negocio? Entonces considere convertirse en un conductor para Lyft o Uber. Un trabajo de entrega de pizza por la noche también podría traer dinero extra. Incluso puede entregar otros tipos de alimentos en su tiempo libre trabajando para lugares como uberEATS o Grubhub app. Claro, tendrá que dejar de lado su orgullo y renunciar a algunas noches y fines de semana de inactividad. Pero eso es un pequeño sacrificio por dinero extra en su bolsillo.

3. ¡Vende el auto!

El pago mensual promedio de un auto nuevo es de $ 523. ¡Eso es simplemente indignante! ¿Cuánto más rápido podría moverse su bola de nieve de deuda si aplicara esos $ 500 cada mes?

4. Corte sus tarjetas de crédito.

Destrúyalos, quémalos, dispárales. Nunca saldrá de la deuda hasta que deje de hacer de la deuda una forma de vida.

5. Use el sistema de sobres.

Cuando paga en efectivo, realmente siente que su dinero se va de sus manos. ¡Ay! A nadie le gusta eso. Las personas tienden a gastar menos cuando pagan en efectivo frío y duro. Con el sistema de sobres, verá que el efectivo se está reduciendo para que pueda realizar un seguimiento de cuánto está gastando.

6. Deja de invertir.

Sí, has leído bien. Y sí, incluso nos referimos a dejar de contribuir a su 401 (k). En este momento, desea que todos sus ingresos se destinen a salir de la deuda. Una vez que esté libre de deudas y haya ahorrado de tres a seis meses de gastos en un fondo de emergencia, puede reanudar sus contribuciones. Para entonces, podrá comenzar a destinar el 15% de sus ingresos a la jubilación.

7. Ignora a tus amigos quebrados.

¡Deja de tratar de seguir el ritmo de los Jones! ¡Recuerda que ahora estás viviendo como nadie más para que luego puedas vivir como nadie más! En 20 años, no tendrá una preocupación financiera en el mundo, mientras que todos los demás tendrán préstamos para automóviles, hipotecas y facturas de tarjetas de crédito.

8. ¡Haz un presupuesto!

¡El presupuesto debe ser fácil y, nos atrevemos a decirlo, divertido! Enfoque su dinero en lo que importa: gastos diarios, esas deudas molestas y creación de riqueza.

9. Dile a los niños que tienes un presupuesto limitado.

Cuando se trata de dinero, los niños pueden ser una guía peor que su estómago. Sé abierto con ellos sobre lo que haces y no tienes espacio en el presupuesto. Y recuerde: nunca tenga miedo de usar esa palabra mágica, "no".

Ventajas frente a desventajas del financiamiento de la deuda

Ventajas

- **Retener el control.** Cuando acepta el financiamiento de la deuda de una institución de crédito, el prestamista no tiene voz en cómo administra su empresa. Tomas todas las decisiones. La relación comercial termina una vez que haya pagado el préstamo en su totalidad.
- **Ventaja fiscal.** El monto que paga en intereses es deducible de impuestos, reduciendo efectivamente su obligación neta.
- **Planificación más fácil.** Usted sabe de antemano exactamente cuánto capital e intereses pagará cada mes. Esto hace que sea más fácil presupuestar y hacer planes financieros.

Desventajas

El financiamiento de la deuda tiene sus limitaciones y desventajas.

Requisitos de calificación. Necesita una calificación crediticia suficientemente buena para recibir financiamiento.

- **Disciplina.** Deberá tener la disciplina financiera para hacer los pagos a tiempo. Ejerza moderación y use buen juicio financiero cuando use deudas. Un negocio que depende demasiado de la deuda podría ser visto como 'alto riesgo' por los posibles inversores, y eso podría limitar el acceso al financiamiento de capital en algún momento.
- **Colateral.** Al aceptar proporcionar una garantía al prestamista, podría poner en riesgo algunos activos comerciales. También es posible que se le solicite que garantice personalmente el préstamo, poniendo en riesgo sus propios activos.

Factor decisivo

- ¿Qué tan importante es para usted mantener el control total del negocio?
- ¿Qué tan importante es saber exactamente lo que deberás en pagos mensuales?
- ¿Te sientes cómodo haciendo pagos mensuales regulares?
- ¿Eres capaz de calificar para el financiamiento de la deuda? ¿Cómo es tu historial de crédito? ¿Tiene una buena calificación crediticia?
- ¿Tiene garantías que pueda usar? ¿Te sientes cómodo con su uso?

Capítulo 5: ¿Qué es invertir?

Se define como la Colocación de recursos financieros que la empresa realiza para obtener un rendimiento de ellos, o bien recibir dividendos que ayuden a aumentar el capital de la empresa.

¿Por qué es importante?

Cuando invierte, está comprometiendo dinero u otro recurso con la expectativa de algún beneficio futuro. Una educación universitaria, por ejemplo, puede considerarse una inversión porque invierte su tiempo (un recurso) con la esperanza de obtener un título y un buen trabajo después de graduarse (el beneficio futuro). En un sentido financiero, invertir significa que un individuo compromete dinero a un activo financiero, o seguridad, como una acción o bono, con la esperanza de recibir aún más dinero en el futuro. El potencial de recibir más dinero más tarde es la razón por la cual las personas invierten en primer lugar.

¿Cómo ganan dinero las inversiones?

La mayoría de las inversiones ganan dinero para un inversor a través de apreciación, pagos de intereses o dividendos. Apreciación significa que el valor de un activo ha aumentado. Si compró un artículo coleccionable por $ 100 y cinco años después valía $ 500, entonces el valor coleccionable se apreció. Los valores pueden hacer lo mismo: una acción emitida por una empresa puede aumentar su valor durante varios años.

Es probable que haya pagado los intereses de un préstamo que haya obtenido, ya sea un préstamo estudiantil o una hipoteca. Estos pagos de intereses que pagó al prestamista fueron como el prestamista ganó dinero en ese préstamo (o inversión). Un tipo de seguridad que emite pagos de intereses a sus inversores es un bono. Cuando compra un bono, está prestando dinero al gobierno o a una corporación, que promete reembolsarle y hacer pagos de intereses sobre el monto que prestó.

Los dividendos también se emiten como un pago a los inversores, pero son realizados por compañías cuyas acciones o patrimonio son de su propiedad. Las empresas públicas emiten acciones para recaudar dinero para actividades comerciales, lo que permite a los inversores comprar estas acciones. Si posee una acción en una compañía, esa compañía también puede emitirle pagos de dividendos como una forma de compartir sus ganancias con sus inversores. Esto se suma a cualquier apreciación en el valor de las acciones.

Riesgos de la inversión

Aunque al invertir puede ganar dinero para usted, no está exento de riesgos. El mayor riesgo con la inversión es que puede perder el dinero que invirtió. A diferencia de las cuentas corrientes o de ahorro, cuyo valor está garantizado por la Federal Deposit Insurance Corporation (FDIC), las inversiones no tienen esa garantía.

Ciertas inversiones son menos riesgosas que otras, pero todas las inversiones conllevan cierto riesgo. La cantidad de riesgo también afecta la tasa de rendimiento de una inversión, lo que significa que alguien asume muchos riesgos, también debe existir la posibilidad de una gran recompensa. Piénselo: no correría un gran riesgo sin la posibilidad de una gran recompensa. Por el contrario, las inversiones con menos riesgo suelen tener rendimientos más bajos.

Una forma en que los inversores reducen su riesgo general es invirtiendo en una variedad de valores diferentes, como acciones y bonos, o incluso en diferentes tipos de la misma seguridad, como bonos gubernamentales y bonos corporativos. Esto se conoce como diversificación, y es un concepto importante que cualquier inversionista debe comprender.

Otro gran riesgo al invertir son sus propias emociones. Muchas inversiones son volátiles a corto plazo, lo que significa que su valor puede fluctuar mucho entre uno y cinco años. Durante las recesiones económicas, el valor de muchas inversiones puede caer dramáticamente. Como inversor, es difícil ver que sus inversiones pierden dinero. Esto puede conducir a decisiones de inversión basadas en el miedo o el pánico, como vender acciones cuando los precios caen demasiado bajos para su comodidad.

Cuando invierte, debe mantener la mayoría de sus inversiones durante diez, veinte o más años. Es durante estos períodos de tiempo más largos que el valor de las inversiones ha aumentado históricamente. Tenga esto en cuenta cuando tome decisiones de inversión. Se desempeñará mejor como inversionista si sus decisiones de inversión se basan en la lógica y la razón en lugar de las emociones.

Es posible que haya escuchado invertir en comparación con los juegos de azar, y si invierte de una manera desfavorable, puede ser lo mismo. Sin embargo, los inversores inteligentes se acercarán a invertir estratégicamente para elegir inversiones que tengan una buena expectativa de rendimiento. El juego, por otro lado, generalmente se basa puramente en el azar.

¿Por qué importa invertir?

Cuando piensa en invertir en términos de capitalización y tiempo, es fácil entender por qué las personas arriesgarían su dinero por un posible rendimiento. Es posible que recuerde haber aprendido sobre el interés compuesto en la clase de matemáticas, pero el principio es simple: los rendimientos que gana con el dinero pueden ser compuestos, y luego comienzan a obtener rendimientos también. Cuando le da a su dinero suficiente tiempo para capitalizar, el crecimiento puede volverse exponencial.

¿Cómo comenzar a invertir?

El advenimiento de la inversión en línea ha facilitado comenzar a invertir. Muchos corredores en línea no requieren una cantidad mínima para comenzar, por lo que puede comenzar con tan solo $ 50. Algunos tipos de corredores, como los corredores de servicio completo, seleccionarán sus inversiones para un enfoque verdaderamente directo. Tenga en cuenta que todos los corredores cobran una variedad de tarifas por usar sus servicios; debes entenderlos antes de registrarte.

También debe comprender qué tipo de cuenta abrirá, cuánto tiene que invertir y en qué invertirá. La mayoría de los nuevos inversores afirman que sería prudente invertir en fondos mutuos de índice de bajo costo y ETF en lugar de elegir acciones o bonos específicos. Esto se debe a que los fondos le permiten tener una parte de decenas o cientos de valores diferentes y muchos están bien diversificados y son asequibles. Con cualquier estrategia que elija, asegúrese de investigar y comprender todos los riesgos involucrados.

Capítulo 6: Teorías sobre el dinero

- El sistema de los tarros de dinero de T. Harv Eker

T. Harv Eker lo resume con estas sabias palabras: "El hábito de administrar su dinero es más importante que la cantidad". Y este es uno de los 17 factores que diferencia a las personas ricas de las personas pobres.

Muchas personas intentan enriquecerse emulando la estrategia de inversión multimillonaria de Warren Buffett. Es genial, aunque extrañan (o eligen ignorar) un ingrediente importante, una de las razones por las que Buffett es tan rico es porque también es infamemente frugal.

Existen numerosos ejemplos de la frugalidad de Buffett. Por ejemplo, cuando nació su primer hijo, Buffett convirtió un cajón en un moisés. Para su segundo hijo, tomó prestada una cuna. Condujo un Volkswagen hasta que su esposa lo actualizó a un Cadillac (que ella sintió que era mejor para su imagen). Buffett todavía vive en Omaha, Nebraska, en la casa que compró por $ 31,500 hace más de 50 años. Entiendes la deriva ...

Buffett maneja su dinero y riqueza con el principio de que las pequeñas sumas se componen. Cada centavo que no se gasta hoy significa mucho más dinero para invertir o usar en el futuro. En el libro The Millionaire Next Door , Stanley y Danko también encontraron algunas verdades interesantes sobre muchos hogares millonarios que describieron en Estados Unidos: la mayoría de los hogares millonarios que describieron no tenían estilos de vida extravagantes y artículos de lujo como relojes de marca, trajes, automóviles, etc.). Acumulan tanta riquezas precisamente porque viven *por debajo de* sus posibilidades.

T. Harv Eker lo resume con estas sabias palabras: "El hábito de administrar su dinero es más importante que la cantidad". Y este es uno de los 17 factores que diferencia a las personas ricas de las personas pobres.

El concepto de 6 jarras para la gestión de la riqueza

La idea de este sistema es simple: separe sus ingresos en 6 cuentas diferentes para fines específicos. También puede usar frascos físicos, sobres, etc. y etiquetarlos en consecuencia. Lo más importante es depositar constantemente en estos frascos / cuentas de la siguiente manera:

- **Necesidades (50%):**

La mitad de sus ingresos se destina a necesidades reales (N) como alimentos, pagos de hipotecas, facturas, gas, petróleo, seguros, etc. Si no puede cubrir todas sus necesidades con el 50% de sus ingresos, debe hacer uno (o ambas) de estas cosas:

- Simplifique su vida: descubra cómo puede gastar menos
- Gane más: descubra cómo puede ganar más

- **Cuenta de libertad financiera (10%):**

El 10% de sus ingresos va a su frasco de Libertad Financiera (LF). El dinero en este frasco *solo se* puede usar para inversiones (con rendimientos o ganancias). Este frasco se utiliza para generar riqueza para su futura libertad financiera. Debe *no* gastar este dinero.

- **Ahorro a largo plazo (10%):**

El 10% de sus ingresos se destina al frasco denominado Ahorro a largo plazo (ALP) para gastos. El objetivo de este frasco es ahorrar dinero para gastos futuros (por ejemplo, un auto nuevo, unas vacaciones, un sofá nuevo, regalos, pagar deudas ...).

- **Educación (10%):**

Las personas exitosas invierten y crecen constantemente. Por lo tanto, el 10% de sus ingresos se destina al frasco de Educación (E). Cuantos más conocimientos y habilidades adquieran, mayor será su capacidad de ingresos. Y cuanto más gana, más necesita aprender (¿cómo administrar su riqueza adicional?, ¿cómo llevar sus ingresos al siguiente nivel?, etc.). Use el dinero de este frasco para el desarrollo personal o profesional (por ejemplo, libros, cursos, seminarios).

- **Jugar (10%):**

El 10% de sus ingresos va al frasco del juego (J). Es importante darse un capricho de vez en cuando con un buen masaje, ropa nueva, una cena elegante ... Para evitar gastar de más o de menos, asegúrese de usar el dinero de este frasco al menos cada poco mes. Esto le permite gastar sin culpa y también mejorar gradualmente su nivel de vida a medida que aumentan sus ingresos.

- **Dar (10%):**

El 10% de sus ingresos va al frasco de dar (D). Sin importar cuán pobres sean sus circunstancias, siempre habrá alguien que se encuentre en un estado aún más grave. Además del factor de sentirse bien de ayudar a otros, regalar parte de sus ingresos también lo ayuda a desarrollar inconscientemente la mentalidad de riqueza que tiene más que suficiente para regalar.

La idea de este sistema es simple: primero separe sus ingresos en 6 cuentas diferentes para fines específicos. Puede usar cuentas bancarias o frascos reales o también puede usar frascos físicos, sobres, etc. y etiquetarlos en consecuencia. Lo más importante es depositar constantemente en estos frascos o cuentas de la siguiente manera:

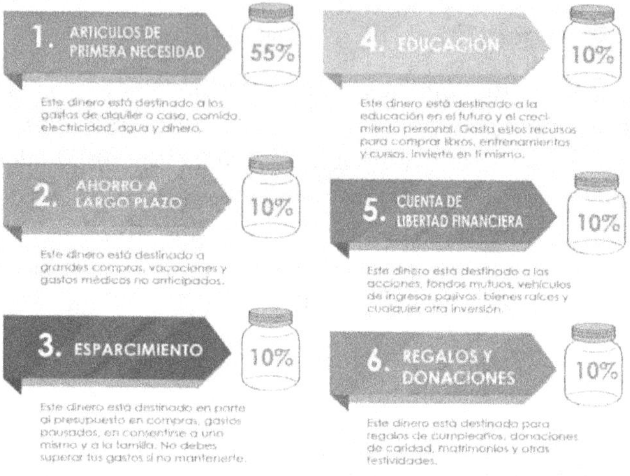

Empezando a aplicar las 6 jarras

Aquí hay 3 pasos simples para comenzar:

Primero, conozca sus porcentajes. No puede administrar su dinero sin saber cuánto gana y gasta. Puede comenzar calculando sus ingresos mensuales actuales y la cantidad que se colocará en cada uno de los 6 frascos. Luego, registre cuánto dinero gasta diariamente. El solo hecho de conocer sus patrones de gasto ya es un primer paso en la dirección correcta.

Segundo, cambia tu mentalidad. Comprenda que la administración del dinero no se trata de restringir su libertad; es crear eventualmente una libertad financiera. Varios años a partir de ahora, puede jubilarse felizmente mientras sus amigos (que ahora disfrutan de la "buena vida") todavía se esfuerzan para pagar su costoso estilo de vida. Recuerda constantemente en voz alta "¡Soy un excelente administrador de dinero!".

Tercero, no entretenga ninguna excusa. Es fácil decir "Lo haré mañana" o "No tengo tiempo para eso". La gran pregunta que debe hacerse es: ¿cuándo desea ser rico y financieramente libre? Si usted es serio acerca de sus objetivos financieros, entonces no se deben permitir excusas. Comience ahora y cumpla con su plan.

- **Teoría de Warren Buffett**

Warren Buffett ha construido su propia fortuna personal a más de $ 72 mil millones, convirtiéndolo en la tercera persona más rica del mundo. No solo eso, ha ofrecido muchos consejos de sentido común sobre la creación de riqueza que absolutamente cualquier persona puede seguir, ya sea que sepan algo sobre inversiones o no.

- **Nunca pierdas dinero.**

"Regla número 1: nunca pierdas dinero. Regla número 2: nunca olvides la regla número 1", dijo Buffett. Por supuesto, esto es una obviedad: no conozco a nadie que piense que perder dinero es una buena idea.

Pero vaya más allá de esa obviedad, y este es un consejo práctico que es muy sabio: evite el riesgo siempre que pueda. En particular, dice, para ser feliz y exitoso, nunca arriesgue algo que necesita para obtener algo que desea, incluso si las probabilidades son de mil a uno a su favor.

Con esta regla en mente, el propio Buffett se abstuvo de hacer muchas inversiones arriesgadas a lo largo de los años y dejó pasar lo que podrían haber sido grandes ganancias, por ejemplo, en tecnología. Sin embargo, con el tiempo, esta estrategia de aversión al riesgo ha dado excelentes resultados.

- **Obtenga un alto valor a un precio bajo.**

"El precio es lo que pagas, el valor es lo que obtienes", escribió Buffett a los accionistas de Berkshire Hathaway. Por lo tanto, puede perder dinero (y violar la Regla No. 1) si termina pagando más por algo de lo que vale su valor. Esto puede suceder, por ejemplo, cuando usa una tarjeta de crédito y termina agregando mucho interés al precio de lo que ha comprado. O cuando compra algo, desde una parte de acciones hasta una propiedad inmobiliaria, cuando todos los demás compran y el mercado tiene un precio excesivo.

"Ya sea que estemos hablando de calcetines o existencias, me gusta comprar mercancía de calidad cuando está rebajada", escribió Buffett. Es un enfoque sabio.

- **Adquiera hábitos financieros saludables.**

"La mayoría del comportamiento es habitual", dijo Buffett en un discurso a estudiantes universitarios, "y dicen que las cadenas de la costumbre son demasiado ligeras para sentirse hasta que son demasiado pesadas para romperlas".

Todos tenemos hábitos que nos gustaría romper, y otros que nos gustaría formar. Entre los últimos, dice Buffett, lo más importante es ahorrar dinero. "El mayor error es no aprender el hábito de ahorrar adecuadamente", dice. Considere usar deducciones automáticas de su cheque de pago o transferencias automáticas de su cuenta corriente a una cuenta de ahorro o inversión para hacer que este buen hábito sea lo más sencillo posible.

- **Tenga mucho efectivo disponible.**

Buffett dice que Berkshire Hathaway siempre tiene al menos $ 20 mil millones, y generalmente mucho más, en equivalentes de efectivo, listos para ser utilizados en caso de necesidad. Una vez más, esta es una estrategia muy reacia al riesgo que significa sacrificar las mayores ganancias que podría haber obtenido al invertir ese dinero. Pero, mantuvo a la compañía fuera de problemas durante la recesión financiera de 2008 cuando tantos otros tuvieron problemas o fracasaron.

¿No tiene $ 20 mil millones para esconderse en su colchón? Todavía es una muy buena idea tener una porción decente de su dinero en efectivo o en cuentas del mercado monetario, o artículos tales como letras del Tesoro de EE. UU. Esto es especialmente importante si eres emprendedor y puedes tener un ingreso incierto. Como dice Buffett, el efectivo es para un negocio como el oxígeno para un cuerpo: "Nunca lo pensé cuando estaba presente, lo único en mente cuando está ausente".

- **Invierte en ti mismo.**

Buffett a menudo ha dicho que debes invertir en ti mismo tanto como puedas, y en todas las formas que puedas, desde cuidar tu cuerpo hasta encontrar el trabajo que amas o hasta la educación. "Todo lo que hagas para mejorar tus propios talentos y hacerte más valioso será recompensado en términos de poder adquisitivo real apropiado", dijo en una entrevista. Esas devoluciones se multiplicarán por 10, y a diferencia de otros activos, no se te pueden quitar tus habilidades y habilidades.

Eso puede significar ir a la escuela, o podría significar tomar un puesto de capacitación, comenzar su propio negocio o incluso tomar un puesto de voluntario si le enseñara algunas habilidades que no tenía antes. Lo que te hace más inteligente te hace más rico.

- **Establezca objetivos a largo plazo.**

El error que comete la mayoría de las personas es que intentan atrapar cualquier ola de aumento de los precios y los rápidos retornos que creen ver a corto plazo , dice Buffett. Ese tipo de pensamiento casi siempre pone a las personas en problemas. En cambio, aconseja, "invertir con un horizonte de varias décadas". En lugar de tratar de ganar dinero rápido, debe centrarse en aumentar su poder adquisitivo durante toda su vida. Eso suena como un enfoque muy sensato para mí.

Pasos de acción: inspirados por Warren Buffett

- Ahorre dinero al decidir dónde escatimar y dónde derrochar.
- Comience a desviar parte de sus ingresos a una cuenta de inversión.
- Haga un registro de ingresos y gastos y cree un plan de gastos.

Capítulo 7: ¿Qué es la libertad financiera?

La libertad es un término abstracto. Es difícil de definirla, pero una cosa es segura: todo el mundo sabe que la quiere. Nadie quiere tener que depender de otra persona para administrar sus finanzas o proporcionarles dinero cuando lo necesiten. Todos quieren mantenerse en pie y ganarse la vida sin la ayuda de amigos o familiares.

La libertad financiera es la libertad de dejar de tener estrés financiero. Es la capacidad de hacer que el estrés monetario se vaya volando como si nunca hubiera existido.

¿Qué significa tener independencia financiera?

Significa que puede tomarse un día libre del trabajo cuando está enfermo sin preocuparse de que un acreedor lo persiga al final del mes. También, significa que no tiene que filtrar las llamadas telefónicas para evitar malas noticias con respecto a las finanzas.

Beneficios de tener libertad financiera

Hay una gran cantidad de beneficios que se obtienen cuando alcanza cierto nivel de libertad financiera. Tener en cuenta los beneficios a largo plazo lo ayudará a mantener el rumbo mientras trabaja para alcanzar sus objetivos financieros.

Estos son algunos de los principales beneficios de la independencia financiera:

- ✓ **Libertad de la deuda**: Imagina una vida sin deudas. Sin préstamos de tarjeta de crédito para pagar, sin hipotecas pendientes, todos sus ingresos se destinan al crecimiento de su reserva de efectivo e inversiones. Te escucho decir que ese mundo no existe. Sí existe. Para llegar allí, simplemente debes aprender a gastar menos de lo que ganas.

- ✓ **Libertad para hacer lo que quieras**: Cuando no está a merced de los acreedores, puede hacer mucho. Por ejemplo, puede comenzar su propio negocio, mudarse a otra ciudad o país o tomar otras decisiones importantes. El dinero extra y la falta de facturas de tarjetas de crédito le permitirán comenzar nuevos pasatiempos. Tal vez eso sea tan simple como usar algo de dinero extra para aprender a tocar un instrumento musical.
- ✓ **Tiempo**: cuando están endeudados, muchas personas tienen que hacer un trabajo extra para pagar sus cuentas. En esta situación, el tiempo se convierte en una mercancía

preciosa que no se puede usar simplemente como una persona lo considere conveniente. Con el tiempo extra permitido por la falta de problemas financieros, se pueden hacer una miríada de cosas.

- ✓ **Libertad del estrés financiero**: cuando se trata de salir de una deuda, una persona se vuelve paciente por necesidad. No hay nada peor que alguien que esté endeudado e impaciente, porque siempre tomará las decisiones equivocadas cuando se trata de comprar artículos. Los pacientes le permitirán retrasar el consumo ahora para mantener la tranquilidad.
- ✓ **Libertad para aumentar sus ahorros:** ¿Por qué ahorrar cuando solo obtendrá un poco de interés en sus ahorros? Aquí está mi respuesta. El ahorro es algo natural que ocurre cuando gasta menos de lo que tiene. Es decir, si sus ingresos exceden sus gastos, tendrá dinero en efectivo que luego puede hacer a su antojo. Ahorras para construir una reserva de efectivo saludable y ahorras para tener el dinero para aprovechar las oportunidades de inversión que se te presenten. Por ejemplo, tener el depósito necesario para una hipoteca.
- ✓ **Libertad para comenzar a crear riqueza:** En definitiva, la creación de riqueza es lo que le dará libertad financiera. Pero solo

puede crear riqueza si tiene un flujo de caja positivo que le permita dar los pasos. La creación de riqueza implica riesgos, por lo que debe buscar el asesoramiento de profesionales calificados antes de decidir invertir el dinero que tanto le costó ganar en alguna inversión.

- ✓ **Seguro de desempleo:** Tener ahorros e inversiones en su lugar significa que no necesita depender de pagos mínimos de desempleo que solo cubren las necesidades básicas; puedes continuar viviendo un estilo de vida que sea cómodo para ti.
- ✓ **Poder de gasto extra:** Sus activos e inversiones pueden generar ingresos adicionales que de otro modo no recibiría; considérelo un bono, además de su salario, que puede pagar usted mismo.
- ✓ **Jubilación anticipada:** La jubilación anticipada es una opción atractiva si puede pagarla. Si las buenas decisiones de inversión significan que puede vivir de dividendos, la jubilación anticipada podría convertirse en una realidad, no solo en un sueño.
- ✓ **Tranquilidad de espíritu:** Si su ingreso pasivo excede sus gastos mínimos, tendrá una mayor flexibilidad. ¿Cuánto menos estrés experimentarás? Y con menos estrés

viene la tranquilidad y la libertad de vivir la vida en tus propios términos.

¿Por qué es tan difícil lograr la libertad financiera?

La mayoría de las personas quieren ser financieramente independientes, entonces, ¿por qué tan pocas personas llegan allí?

Uno de los secretos para lograr la independencia financiera es aceptar que, por lo general, "simplemente no sucede". Comienza con un plan detallado y la voluntad de comprometerse con ese plan.

Un buen punto de partida es revisar sus activos e inversiones actuales. ¿Le están dando los mejores rendimientos posibles? Revise qué pasivos o deudas tiene, ¿qué cambios podría hacer para reducirlos ahora? Estas son algunas de las piedras angulares de un plan financiero sólido.

Independientemente de dónde se encuentre en la vida, ya sea que esté comenzando, disfrutando de un potencial de ingresos máximo o pensando en tomarse la vida un poco más fácil, la planificación financiera no solo es importante, es esencial.

Tenga en cuenta que los estilos de vida más saludables y los avances médicos pueden agregar diez o más años a nuestra esperanza de vida, que es posible que no hayamos tenido en cuenta cuando comenzamos a trabajar. Otra buena razón para considerar convertirse en financieramente independiente más pronto que tarde.

Consejos para lograr la libertad financiera

Si aún no lo ha hecho, ahora sería un buen momento para considerar embarcarse en el camino que conduce a la libertad financiera. Pague la deuda de más alto interés que debe. Intente y consolide todas sus deudas en un solo lugar si es posible. Comience un fondo de emergencia. Busque maneras de asumir más responsabilidad en el trabajo o busque un trabajo que tenga una tasa de pago más alta. Si bien es fácil sentirse abrumado por todas las cosas enumeradas en este breve artículo, la clave es comprometerse con sus objetivos todos los días y darse cuenta de que no puede hacer todo de una vez. Cualquier cosa que haga para mejorar su situación financiera actual puede mejorar su vida y asegurarse de estar preparado para las dificultades financieras que se presenten en el futuro.

Es importante recordar que los problemas de dinero no son el fin del mundo. Aplicar un poco de sentido común a los problemas financieros suele ser todo lo que se necesita para volver al camino correcto y evitar los problemas asociados con las finanzas deficientes. Ahora nada le impide alcanzar la independencia financiera: ¡este sitio es un recurso gratuito para ayudarlo a comenzar!

Referencias bibliográficas

Trust S. (2006). El dinero y el ahorro. Recuperado de https://www.pinturayartistas.com/wordpress/wp-content/uploads/libros/El%20c%F3digo%20del%20dinero.pdf

Rincón, C. (2011). Presupuestos empresariales. Recuperado de

https://www.academia.edu/35646497/Presupuestos-empresariales

Rodriguez, A. (2008). Paso a paso Como salir de deudas de forma exitosa en muy poco tiempo. Recuperado de https://s3.amazonaws.com/deudasbusta19/LibroDeudasNuncaMasBusta1.pdf

Bodoo, S. (2014). El camino hacia la libertad financiera. Recuperado de https://books.google.com.pe/books?id=Sz2lAwAAQBAJ&printsec=frontcover&dq=libertad+financiera&hl=en&sa=X&ved=0ahUKEwiYsrmFs4vlAhUEvFkKHb-KDAAQ6AEIKzAA#v=onepage&q=libertad%20financiera&f=false

Bernstein, W. (2013). Las inversiones y los inversionistas. Recuperado de http://www.economia.unam.mx/profesores/blopez/Riesgo-Pres3.pdf

Sánchez, M. (2013). El carpintero Fenix. Recuperado de https://books.google.com.pe/books?id=VbUXAwAAQBAJ&pg=PT142&dq=%EF%83%98%09El+sistema+de+los+tarros+de+dinero+de+T+Harv+Eker+LIBROS&hl=es&sa=X&ved=0ahUKEwiU34fdp6TlAhVEpFkKHbvWBboQ6AEIKDAA#v=onepage&q=%EF%83%98%09El%20sistema%20de%20los%20tarros%20de%20dinero%20de%20T%20Harv%20Eker%20LIBROS&f=false